MUST READ ANALISI DEL LIBRO

La signora Dalloway

· · · · · · · · · · · · · · ·

VIRGINIA WOOLF

ANALISI DEL LIBRO

Scritto da Mélanie Kuta
Tradotto da Sara Rossi

La signora Dalloway

· ·

VIRGINIA WOOLF

VIRGINIA WOOLF

SCRITTRICE E FEMMINISTA INGLESE

- **Nata a Londra nel 1882**
- **Morta nel Sussex nel 1941**
- **Opere degne di nota:**
  - *Notte e giorno* (1919), romanzo
  - *Al faro* (1927), romanzo
  - *Le onde* (1931), romanzo

Scrittrice inglese nata nel 1882 a Londra, Virginia Woolf è stata autrice di numerosi saggi, racconti e romanzi. Scrisse, tra l'altro, *"Al faro"* (1927), *"Orlando"* (1928) e *"Una stanza tutta per sé"* (1929). Vero e proprio pilastro della letteratura modernista e figura di spicco della letteratura inglese tra le due guerre, nelle sue opere cercò di rappresentare la realtà violenta e incoerente dell'Inghilterra del suo tempo.

Insieme al marito Leonard, nel 1917 fondò la Hogarth Press, una casa editrice che pubblicò le opere di Virginia, oltre a quelle di Sigmund Freud, Katherine Mansfield e T.S. Eliot. Affetta da disturbo bipolare, Virginia sprofondò nella follia dopo la morte della madre e si suicidò annegandosi nel 1941.

LA SIGNORA DALLOWAY

UN VERO RITRATTO DELLA METROPOLI LONDINESE

- **Genere:** romanzo
- **Edizione di riferimento:** Woolf, V. (2014) *Mrs Dalloway*. Sydney: Waxkeep Publishing. (Edizione Kindle).
- **Prima edizione:** 1925
- **Temi:** periodo interbellico, Londra, morte, amore, follia, nostalgia

Pubblicato nel 1925, *La signora Dalloway* fu accolto con favore da lettori e critici, che ritennero che con questo romanzo Virginia Woolf avesse trovato il suo vero stile.

La storia è ambientata a Londra nel periodo tra le due guerre e si svolge nell'arco di una sola giornata. La città di Londra è importante nel romanzo quanto i molti personaggi che la attraversano. Due storie si intrecciano: quella di Clarissa Dalloway, una casalinga borghese, e quella di Septimus Warren Smith, un veterano della Prima guerra mondiale.

SINTESI

Il romanzo non è diviso in capitoli. Tuttavia, nella presente analisi, lo divideremo in dodici parti per facilitarne il riassunto.

I FIORI (PAG. 17-29)

Un mercoledì di giugno del 1923, Clarissa Dalloway va a comprare dei fiori nel centro di Londra per il ricevimento che terrà a casa sua la sera stessa. La città è molto animata e Clarissa si sente felice di essere viva; il passato e il presente si mescolano. Clarissa ricorda l'estate dei suoi 18 anni, trascorsa a Bourton, nel Gloucestershire, e il suo amico Peter Walsh, che le aveva chiesto di sposarlo. Lei aveva rifiutato e ancora oggi sente vividamente le critiche di Peter al suo stile di vita borghese. Incontra il suo vecchio amico Hugh Whitbread e parla con lui della salute della moglie Evelyn. Clarissa pensa alla sua condizione, al suo aspetto e al modo in cui gli altri la percepiscono. Pensa anche alla figlia, che ha una strana relazione con Miss Kilman, la sua insegnante di storia, che non piace a Clarissa.

SETTIMO (PAGG. 29-45)

Nel frattempo, Septimus Warren Smith, un veterano della Prima guerra mondiale (1914-1918) che soffre di disturbo post-traumatico, passeggia a St. Regent's Park con la moglie Rezia. Rezia si vergogna di Septimus, che ha minacciato di suicidarsi. Cerca di capire il marito, che parla con l'amico Evans, nonostante quest'ultimo sia morto. Rezia si allontana; si sente sola e triste. È anche arrabbiata perché, secondo il dottor Holmes, Septimus non è veramente malato.

A CASA (PAG. 45-57)

Clarissa torna a casa ed è sconvolta dal fatto che Richard, suo marito, sta pranzando con Lady Burton e che lei non è stata invitata. Va in camera sua per rinfrescarsi. Pensa all'inevitabilità della morte e alla sua attrazione sessuale verso le donne, in particolare verso la sua amica d'infanzia Sally Seton. Ancora una volta, Clarissa ricorda quell'estate a Bourton e il comportamento eccentrico e ribelle di Sally, con la quale aveva condiviso un bacio. In casa, tutti sono impegnati nei preparativi per la festa.

LA VISITA DI PIETRO (PAG. 57-65)

Il campanello suona e appare Peter Walsh, tornato dall'India. È in città per organizzare il divorzio di Daisy, la sua fidanzata. Parla con Clarissa e respinge il suo stile di vita come futile. I due ricordano vecchi ricordi e Peter scoppia in lacrime. Mentre Clarissa lo bacia per confortarlo, Elizabeth entra nella stanza. Peter se ne va, ma Clarissa lo raggiunge e lo invita al ricevimento.

PARCO DI ST. REGENT (PAGG. 65-103)

Peter si rimprovera per la sua debolezza di fronte a Clarissa. Osserva Londra, seduta a St. Regent's Park. Ricorda quell'estate a Bourton e la sera in cui chiese a Clarissa di sposarlo. Pensa a Sally Seton, a Hugh Whitbread, che odia, e a Richard Dalloway, che trova noioso. Gli viene costantemente ricordato il discorso fatto con Clarissa e cerca di convincersi di non essere più innamorato di lei.

I MEDICI (PAG. 103-122)

Septimus e Rezia tornano a casa. Apprendiamo che prima della guerra Septimus era un poeta. Rezia chiama il dottor Holmes, perché è preoccupata per il marito. Holmes pensa che Septimus non soffra di nulla e che dovrebbe trovarsi un hobby. Il dottore viene più volte; Septimus lo vede come l'incarnazione della natura umana che lo condanna a morte, perché incapace di qualsiasi sentimento. Holmes consiglia di consultare uno specialista, Sir William Bradshaw. Rezia e Septimus si recano nello studio di Bradshaw e Sir William fornisce la sua diagnosi: Septimus soffre di una grave depressione e dovrebbe andare a riposare in ospedale per "riposare, riposare, riposare".

LADY BRUTON (PAG. 122-135)

Lady Bruton riceve Richard Dalloway e Hugh Whitbread per un pranzo squisito. I due parlano di Clarissa e Peter. Richard decide di dichiarare il suo amore alla moglie quando tornerà a casa. Lady Bruton ha invitato i due uomini perché ha bisogno di aiuto per scrivere una lettera al Times sull'immigrazione di famiglie inglesi in Canada. È entusiasta della lettera scritta da Hugh.

RICHARD E CLARISSA (PAG. 135-143)

Richard compra dei fiori per la moglie e torna a casa. Non riesce a dire a Clarissa che la ama e la lascia a riposare.

ELISABETTA (PAG. 143-160)

Elizabeth entra nella stanza di Clarissa per informarla che sta per uscire a fare shopping. Doris Kilman, rimasta sulla porta, pensa alla propria misera condizione. Invidia e odia allo stesso tempo la signora Dalloway. Clarissa crede che la signorina Kilman le abbia rubato la figlia. In un negozio, Miss Kilman ed Elizabeth conversano bevendo il tè. Doris passa il tempo a lamentarsi e questo spinge Elizabeth ad andarsene. Torna a casa in autobus e pensa al suo futuro.

SUICIDIO (PAG. 160-172)

Nel loro appartamento, Rezia e Septimus parlano del cappello che Rezia sta realizzando. Per la prima volta dopo tanto tempo, chiacchierano e ridono insieme. Settimo si sente bene e si addormenta. Quando si sveglia, è terrorizzato dall'arrivo del dottor Holmes e decide di suicidarsi gettandosi dalla finestra. Il dottor Holmes lo definisce un codardo e dà una bevanda zuccherata a Rezia, che si addormenta.

IN ALBERGO (PAG. 172-187)

Peter guarda l'ambulanza che viene a prendere Septimus. Va in albergo, pensando sempre a Clarissa. Lì riceve una lettera di Clarissa che gli dice: "Quanto è stato bello vederlo". Decide di andare alla festa di Clarissa.

LA FESTA (PAG. 187-218)

Gli ospiti arrivano in massa alla festa. Clarissa accoglie ognuno di loro personalmente. Peter arriva e critica la sua mancanza di sincerità. Sally Seton, ora Lady Rosseter, arriva inaspettatamente. Clarissa è felice di vederla. Ancora una volta, il tempo presente e i ricordi del passato si mescolano. La festa è un grande successo. Clarissa viene a sapere del suicidio di Septimus tramite Lady Bradshaw. Si allontana dagli altri per un momento, per pensare alla morte, poi si mischia di nuovo agli ospiti. Nel momento in cui entra nella stanza, Peter è colto da terrore ed estasi.

STUDIO DEL CARATTERE

CLARISSA DALLOWAY

La protagonista del romanzo, Clarissa Dalloway, è una casalinga di 52 anni appartenente all'alta società ed è sposata con Richard Dalloway. È da poco guarita da una lunga malattia. Il lettore la segue mentre si occupa degli ultimi preparativi per la festa che ospiterà quella sera. Sebbene il suo stile di vita sia piuttosto superficiale, è una donna generosa che si prende cura di coloro che la circondano e si interessa sinceramente a loro. Riflette molto sul significato della vita e della morte e si preoccupa del modo in cui il resto del mondo la percepisce. Trova difficile trovare il suo posto nella società. Nel corso del romanzo, cerca di trovare il giusto equilibrio tra la sua vita privata e quella pubblica. Parla molto, motivo per cui molti la ritengono futile, ma è così che nasconde i suoi sentimenti più profondi. Pensa costantemente al suo passato e alla vita che starebbe conducendo se avesse fatto altre scelte. Ha sposato Richard perché le offriva conforto e sicurezza finanziaria, invece di innamorarsi di una relazione appassionata con Peter Walsh o Sally Seton.

RICHARD DALLOWAY

Membro del governo, Richard Dalloway è sposato con Clarissa. È un uomo buono e tranquillo, ma non sa come interagire con la moglie.

ELIZABETH DALLOWAY

Figlia di Clarissa e Richard, Elizabeth è una giovane donna graziosa, tranquilla e obbediente. A differenza della madre, non è interessata alle feste e ai convenevoli sociali; preferisce la campagna e i suoi cani. Passa molto tempo a pregare con la signorina Kilman, che le piace molto.

SEPTIMUS WARREN SMITH

Veterano della Prima Guerra Mondiale e sposato con Lucrezia, Septimus soffre di disturbo post-traumatico. Soffre di allucinazioni e si sente in colpa, perché è incapace di provare qualcosa. Prima della guerra era un poeta, un idealista e pieno di speranza. È molto simile a Clarissa e trova difficile interagire con le persone che lo circondano. Sebbene il suo corpo sia ancora nel mondo fisico, Septimus vive in un mondo interiore. Odia la società in cui vive e decide di suicidarsi piuttosto che farne parte. Questo tragico gesto permette a Clarissa di accettare la vita che ha scelto.

LUCREZIA WARREN SMITH

Chiamata anche Rezia, Lucrezia Warren Smith è la moglie di Septimus. Originaria dell'Italia, produce cappelli. È divisa tra l'amore che ancora prova per Septimus e il peso che lui è diventato. Sempre preoccupata per lui, si sente molto sola.

PETER WALSH

Peter, un amico d'infanzia di Clarissa, vive in India e trascorre qualche giorno a Londra per risolvere un divorzio. Clarissa aveva rifiutato la sua proposta di matrimonio molti anni prima. Peter cerca di seppellire i sentimenti che ancora prova per lei. È molto critico con se stesso e con gli altri. Immaturo e indeciso, manca di sicurezza e non si sente a suo agio nella propria pelle, il che rende più difficile il rapporto con il mondo esterno.

SALLY SETON

Amica d'infanzia di Clarissa, Sally Seton era una ragazza ribelle e provocante. Quando era adolescente, Clarissa si sentì molto attratta da lei e insieme volevano ricostruire il mondo. All'epoca in cui si svolge la storia, si chiama Lady Rosseter e ha cinque figli. Non appare fisicamente fino alla fine del romanzo. Prima di allora, appare solo nei ricordi di Clarissa.

HUGH WHITBREAD

Vecchio amico di Clarissa, è sposato con Evelyn Whitbread. Uomo elegante e gentile, è anche un goloso pomposo e superficiale.

LA SIGNORINA DORIS KILMAN

Insegnante di storia di Elizabeth, da poco convertita al cristianesimo, ha un fisico indecoroso e indossa sempre un vecchio mackintosh, perché non si veste per piacere agli altri. È povera, amareggiata e odia Clarissa Dalloway e il tipo di donna che rappresenta. Apprezza enormemente Elizabeth ed è attratta da lei.

DR. HOLMES

Il medico di base di Septimus ritiene che quest'ultimo non sia realmente malato. Gli dice che è un codardo e gli consiglia di trovarsi un hobby.

SIR WILLIAM BRADSHAW

Rezia e Septimus si recano a consultare questo rinomato psichiatra su consiglio del dottor Homes. Sir William Bradshaw ama sentirsi superiore e cura i suoi pazienti con l'intimidazione. Secondo lui, i pazzi soffrono semplicemente di una mancanza di misura e devono essere curati per conformarsi alla società in cui vivono.

LADY MILLICENT BRUTON

Membro dell'alta società e discendente del generale Sir Talbot Moore, Lady Millicent apprezza molto Richard, ma prova disprezzo per Clarissa. Cerca di promuovere l'immigrazione di famiglie inglesi in Canada.

ANALISI

SOCIETÀ BRITANNICA

Già nel XIX secolo e più precisamente a partire dal XX secolo, si potevano notare grandi cambiamenti nella società europea. Il processo di industrializzazione, tra l'altro, aveva visto l'emergere di una nuova classe sociale, quella della borghesia, che minacciava l'aristocrazia.

In *Mrs Dalloway*, Virginia Woolf ritrae la società britannica in piena evoluzione dopo la Prima guerra mondiale. All'epoca, i cambiamenti politici e sociali divennero più tangibili e le colonie (soprattutto l'India) iniziarono a opporsi all'Impero britannico.

- Nel XIX secolo, l'Impero britannico era il più grande impero del mondo e possedeva numerose colonie in India e Sudafrica. Dopo la guerra, entrò in un periodo di declino. La sensazione di fallimento dell'impero è molto presente nel romanzo e rispecchia i fallimenti personali di ogni singolo personaggio: "Era stato mandato giù da Oxford – è vero. Era stato un socialista, in un certo senso un fallito – vero".

- Durante questo periodo di transizione, molte persone iniziarono a dubitare dei valori della società britannica e delle istituzioni per le quali avevano combattuto. È questo il caso di Septimus Warren Smith, reso suicida dalla guerra, che lo ha distrutto e gli ha fatto odiare per sempre la natura umana: "Perché la verità è (che la ignori) che gli esseri umani non hanno né gentilezza, né fede, né carità al di là di ciò che serve ad aumentare il piacere del momento. Cacciano in branco […] abbandonano i caduti".

- D'altra parte, molti cittadini britannici si aggrappavano ancora all'idea di una Gran Bretagna potente e cercavano di mantenere le istituzioni tradizionali. Si trattava di aristocratici, favoriti dalla società, come Sir Bradshaw, Hugh Whitbread, Lady Bruton, ma anche Peter Walsh.

> *"Splendida conquista a suo modo, dopo tutto, Londra; la stagione; la civiltà". Provenendo da una rispettabile famiglia anglo-indiana che per almeno tre generazioni aveva amministrato gli affari di un continente […..] ci furono momenti in cui la civiltà, anche di questo tipo, gli sembrò un possesso personale; momenti di orgoglio per l'Inghilterra".*

> *"Ragazzi in uniforme, con armi in mano, marciavano con gli occhi davanti a loro, marciavano, le braccia rigide, e sui loro volti un'espressione come le lettere di una legenda scritta intorno alla base di una statua che inneggiava al dovere, alla gratitudine, alla fedeltà, all'amore per l'Inghilterra […] il traffico lo rispettava; i furgoni si fermavano".*

Anche il partito conservatore, allora al potere, era in declino e le idee del partito laburista stavano conquistando sempre più persone. Queste questioni politiche sono molto presenti nel romanzo.

Infine, le donne, che avevano dovuto sostituire gli uomini andati al fronte, chiesero pari diritti. In *Mrs Dalloway*, Clarissa è, agli occhi degli altri, una casalinga frivola e borghese. Tuttavia, lotta per essere rispettata e per trovare il suo posto come individuo nella società: "Aveva la stranissima sensazione di essere lei stessa invisibile, non vista, sconosciuta […] questa era la signora Dalloway; non era più nemmeno Clarissa; era la signora Richard Dalloway". Inoltre, è il personaggio di Elizabeth che illustra anche i cambiamenti nella posizione sociale delle donne, perché la giovane donna pensa al suo futuro e al lavoro che sceglierà, mentre sua madre non poteva nemmeno porsi queste domande: "Le piacevano le persone malate. E ogni professione è aperta alle giovani donne della tua generazione, disse la signorina Kilman. Quindi potrebbe diventare un medico". Anche Peter nota questo cambiamento nell'aspetto fisico delle donne: "Ogni donna, anche la più rispettabile, ha rose che sbocciano sotto vetro; labbra tagliate con un coltello; riccioli di china; c'era design, arte, ovunque; un cambiamento di qualche tipo era indubbiamente avvenuto".

LA MORTE

Il tema della morte è in primo piano in Mrs Dalloway. Viene menzionato più volte da Clarissa, Peter e Septimus.

- Fin dall'inizio del romanzo, Clarissa pensa alla morte e alla sua inevitabilità. Secondo lei, la morte è qualcosa di naturale:

> *"Importava allora, si chiese, camminando verso Bond Street, importava che lei dovesse inevitabilmente cessare del tutto; tutto questo doveva andare avanti senza di lei; se ne risentiva; o non diventava consolante credere che la morte finisse assolutamente?".*

Più avanti, cita i versi di Shakespeare (drammaturgo inglese, 1564-1616): "Non temere più il calore del sole/ né le furiose furie dell'inverno". Questo estratto da Cymbeline celebra la morte, che dovrebbe essere vista come un conforto dopo la vita.

- Per quanto riguarda Pietro, egli teme molto la morte, perché manca di fiducia, non si fida veramente di se stesso e ha la sensazione di non aver realizzato nulla, che la sua vita sia un fallimento:

> *Pensò: "È stata malata", e il pensiero esprimeva languore e sofferenza. Era il suo cuore, ricordò; e l'improvviso fragore dell'ultimo colpo suonò per la morte che sorprese nel mezzo della vita, Clarissa che cadeva dove si trovava, nel suo salotto. No! No! gridò. Non è morta! Non sono vecchio!", gridò e si incamminò verso Whitehall, come se il suo futuro gli si presentasse davanti, vigoroso e senza fine.*

- Septimus decide di affrontare la morte. È il suo suicidio che gli permetterà di riconciliarsi con la consapevolezza della propria mortalità. Dal suo ritorno dalla guerra, Septimus si sente vuoto e non sa come comportarsi con i suoi simili. Il suo corpo è ancora tra i mortali, ma il suo spirito è già altrove. Pensa anche ai versi di *Cimbelino*: "Non temere più, dice il cuore. Non temere più, dice il cuore nel corpo; non temere più. Non aveva paura".

Prima di suicidarsi, Septimus confessa di amare la vita, ma, non potendo sopportare la presenza degli esseri umani e della loro natura, deve suicidarsi. Sono persone come il dottor Holmes e Sir Bradshaw a spingerlo oltre il limite: "Era la loro idea di tragedia, non la sua o quella di Rezia (perché lei era con lui). A Holmes e Bradshaw piace questo genere di cose. (Si sedette sul davanzale) Ma avrebbe aspettato fino all'ultimo momento. Non voleva morire. La vita era bella. Il sole era caldo. Solo gli esseri umani…".

MONOLOGO INTERIORE

Fin dall'inizio della sua carriera di scrittrice, Virginia Woolf si rese conto che il romanzo realistico vittoriano (seconda metà del XIX secolo), che aveva una forma lineare e trame molto specifiche, non poteva rappresentare la realtà di questo mondo. Voleva parlare delle persone, dei loro sentimenti, delle loro scelte, dei loro caratteri, e non solo della loro posizione nella società e del modo in cui conducevano la loro vita secondo i dettami sociali. Si mise quindi alla ricerca di una nuova forma di scrittura che potesse mostrare la realtà dell'Inghilterra del dopoguerra. Secondo i critici, fu con *La signora Dalloway* che Virginia Woolf trovò questa nuova voce.

La maggior parte del romanzo è scritta in discorso indiretto libero: questo stile suona molto naturale, perché il discorso diretto (dialogo) non è introdotto da trattini e quindi non si distingue dal discorso indiretto. La voce del narratore e quella del personaggio si intrecciano e le loro prospettive si mescolano, il che conferisce al testo una maggiore scorrevolezza. Ciò consente di eliminare le barriere tra ciò che i personaggi dicono realmente e i loro pensieri personali e interiori. In questo modo, Virginia Woolf permette al lettore di conoscere più intimamente i personaggi.

Questa tecnica letteraria è chiamata "flusso di coscienza" o "monologo interiore". Il narratore riporta i pensieri dei personaggi e talvolta li mescola alla narrazione e al dialogo, creando un insieme a volte difficile da comprendere. La punteggiatura e la sintassi sono spesso insolite. I pensieri sono talvolta espressi tra parentesi: "Ma lui stesso rimase alto sul suo scoglio, come un marinaio annegato su uno scoglio. Mi sono sporto dal bordo della barca e sono caduto, pensò. Sono andato sotto il mare. Sono stato morto, eppure ora sono vivo, ma lasciatemi riposare ancora, implorava (parlava di nuovo con se stesso – era terribile, terribile!"; "Continuavano a vivere (doveva tornare indietro; le stanze erano ancora affollate; la gente continuava ad arrivare)".

ULTERIORI RIFLESSIONI

ALCUNE DOMANDE SU CUI RIFLETTERE...

- Mentre scriveva *Mrs Dalloway*, Virginia Woolf leggeva i romanzi di Marcel Proust (scrittore francese, 1871-1922) e James Joyce (scrittore irlandese, 1882-1941). Ci sono analogie tra le tecniche di scrittura di questi autori?

- Individuate i diversi luoghi e monumenti di Londra citati nel romanzo e provate a creare una mappa geografica del quartiere in cui vive la signora Dalloway.

- Alla fine del romanzo, Clarissa Dalloway dice che "una volta aveva gettato uno scellino nella Serpentine, mai più nulla". Quale legame si può stabilire tra queste parole e la biografia di Virginia Woolf?

- Il titolo originale di *Mrs Dalloway* era *Le ore*. Nonostante il titolo sia cambiato, come viene espressa nel romanzo l'importanza della nozione di tempo, cara all'autrice?

- Molti critici sostengono che nei romanzi di Virginia Woolf non succede mai nulla. Qual è la sua opinione?

- Che tipo di relazione hanno Elizabeth Dalloway e Doris Kilman? Qual è la reazione di Richard e Clarissa a questa situazione?

- Che ruolo ha avuto Sally Seton durante l'adolescenza di Clarissa? Come si spiega l'atteggiamento di Clarissa quando rivede Sally per la prima volta dopo anni?

- "Si sentiva in qualche modo molto simile a lui, al giovane che si era ucciso. Si sentiva contenta che l'avesse fatto, che l'avesse buttato via […] le faceva sentire la bellezza, le faceva sentire il divertimento". Proprio come Septimus, Clarissa pensa spesso alla morte e alla condizione umana. Tuttavia, alla fine del romanzo rimane pienamente viva. Cosa la rende diversa da Septimus? Perché sceglie la vita?

- La malattia mentale di Virginia Woolf si riflette nel personaggio di Septimus e nel modo in cui descrive il dottor Holmes e Sir William Bradshaw, si nota una critica ai medici dell'epoca e al modo in cui veniva affrontata la malattia mentale. Commentate questo.

- In che modo la presenza del Primo Ministro alla festa di Clarissa rispecchia il declino del governo conservatore britannico?

ULTERIORI LETTURE

EDIZIONE DI RIFERIMENTO

Woolf, V. (2014) *La signora Dalloway*. Sydney: Waxkeep Publishing. (Edizione Kindle).

STUDI DI RIFERIMENTO

Raphael L. S. (2001) Ordinario e straordinario in *Mrs. Dalloway. Scetticismo narrativo: Moral Agency and Representation of Consciousness in Fiction*. Londra: Associated University Presses. pp. 126-167.

SparkNotes Editori (2004) SparkNotes su *Mrs Dalloway. SparkNotes* LLC. [Online]. Disponibile da: <http://www.spark-notes.com/lit/dalloway>

ADATTAMENTI

Cunningham, M. (1998) *Le ore*. New York: Farrar, Straus e Giroux.

La signora Dalloway. (1997) [Film]. Marleen Gorris. Dir. UK: First Look International.

Le ore. (2002) [Film]. Stephen Daldry. USA: Paramount Pictures.

Vogliamo sapere da voi!
Lasciate un commento sulla vostra biblioteca online
e condividete i vostri libri preferiti sui social media!

www.50minutes.com

Master ISBN: 9782808691017
ISBN cartaceo: 9782808612418
Deposito legale: D/2023/12603/1521

Copertura: © Primento

Concezione digitale a cura di Primento, il partner digitale degli editori.